BEI GRIN MACHT SICH IHR WISSEN BEZAHLT

Bibliografische Information der Deutschen Nationalbibliothek:

Die Deutsche Bibliothek verzeichnet diese Publikation in der Deutschen National-
bibliografie; detaillierte bibliografische Daten sind im Internet über http://dnb.d-
nb.de/ abrufbar.

Impressum:

Copyright © 2019 GRIN Verlag
Druck und Bindung: Books on Demand GmbH, Norderstedt Germany
ISBN: 9783346105622

Dieses Buch bei GRIN:

https://www.grin.com/document/512677

Jonas Nunnenmacher

Wie gelingt ein Trainigsplan mit Fokus Krafttraining? Trainigsplanerstellung nach der ILB-Methode

GRIN Verlag

GRIN - Your knowledge has value

Der GRIN Verlag publiziert seit 1998 wissenschaftliche Arbeiten von Studenten, Hochschullehrern und anderen Akademikern als eBook und gedrucktes Buch. Die Verlagswebsite www.grin.com ist die ideale Plattform zur Veröffentlichung von Hausarbeiten, Abschlussarbeiten, wissenschaftlichen Aufsätzen, Dissertationen und Fachbüchern.

Deutsche Hochschule für
Prävention und Gesundheitsmanagement
Hermann Neuberger Sportschule 3
66123 Saarbrücken

Einsendeaufgabe

Fachmodul:	Trainingslehre I
Studiengang:	Fitnessökonomie
Name, Vorname:	Nunnenmacher, Jonas
Studienort:	**Stuttgart**
Semester:	**SS 2019**

Inhaltsverzeichnis

1 Diagnose

Die Trainingssteuerung wird im Folgenden anhand des 5-Stufen Modells nach Oliver, Marshall und Büsch (2008, S. 55-57) durchgeführt. Hierbei wird zunächst eine Diagnose der Person durchgeführt. Diese besteht sowohl aus einem Eingangsgespräch, in dem allgemeine Daten der Person eingeholt werden, als auch aus biometrischen und motorischen Tests. Da es sich im Folgenden um die Trainingssteuerung im Bereich des Krafttrainings handelt, wird als motorischer Test ein Krafttest durchgeführt.

1.1 Allgemeine und biometrische Daten

Tab. 1: Allgemeine Daten aus dem Eingangsgespräch

Alter	23 Jahre
Geschlecht	Männlich
Trainingsmotive	Muskelaufbau, Körperformung
Berufliche Tätigkeit	Bankkaufmann in der Privatkundenberatung, 39 Stunden/Woche
Frühere sportliche Aktivitäten	2002-2006 Fußball im Sportverein auf Kreisebene, Leistungsstufe: niedrig, Trainingsumfang: zwei Mal pro Woche für 90 Minuten 2006-2011 Tischtennis im Sportverein auf Kreisebene, Leistungsstufe: niedrig, Trainingsumfang: zwei bis drei Mal pro Woche für 120 Minuten
Aktuelle sportliche Aktivitäten	2017-jetzt Krafttraining im Fitnessstudio ohne systematische Trainingsplanung in einem Wiederholungsbereich von 8 bis 15 Wiederholungen, Leistungsstufe: Fortgeschrittener, Trainingsumfang: drei bis vier Mal pro Woche für 90 Minuten
Zeitlicher Verfügungsrahmen	Maximal 4 Trainingseinheiten pro Woche mit einer Dauer von maximal 90 Minuten
Orthopädische, internistische Probleme, ärztliche Behandlungen, Einnahme von Medikamenten	keine

Tab. 2: Gemessene biometrische Daten

Körpergröße	181 cm
Körpergewicht	75,6 kg
Body Mass Index (=BMI)	23,1 kg/m2
Körperfettanteil	13,5%
Ruhepuls	60,6 Schläge/min
Blutdruck	125,3/66,4 mmHg
Blutdruckamplitude	58,9 mmHg

Die Person ist dem BMI zufolge normalgewichtig, dies kann als Indikator für ein normales, nicht erhöhtes, Krankheitsrisiko angesehen werden (World Health Organization, o.J.). Die Person ist im Hinblick auf den BMI demnach voll belastbar. Außerdem ist auch der Körperfettanteil mit 13,5% innerhalb der Normalwerte für männliche, weiße Personen im Alter von 20-39 Jahren (Gallagher et al., 2000, S.699). Auch der Ruhepuls liegt im Normalbereich von 60 bis 100 Schlägen/Minute. Ein Ruhepuls am unteren Ende des Normalbereichs oder darunter ist häufig dann anzutreffen, wenn eine Person körperlich viel aktiv oder sehr sportlich ist (American Heart Association, 2015). Demzufolge lässt auch der gemessene Ruhepuls auf eine volle Belastbarkeit schließen. Der Blutdruck der Person liegt ebenfalls im Normalbereich, dieser liegt bei systolisch/diastolisch 120-129/ 80-84 mmHg. Zwar liegt der diastolische Blutdruck der Person unter diesem Wert, jedoch ist bei der Klassifikation der Wert ausschlaggebend, welcher in der höheren Kategorie liegt (Williams et al., 2018, S. 3030). Auch aus dem gemessenen Blutdruck der Person lässt sich deshalb eine volle Belastbarkeit ableiten. Die Bewertung anhand der biometrischen Daten, welche übereinstimmend eine volle Belastbarkeit ergeben deckt sich auch damit, dass die Person schon in den vergangenen zwei Jahren Krafttraining betrieben hat.

1.2 Krafttestung

Um eine sinnvolle Steuerung der submaximalen Intensitäten im Training der Person zu gewährleisten, soll ein Krafttest durchgeführt werden. Dieser ist auch nötig für eine objektive Trainingskontrolle. Hierfür kommen zunächst ein Maximalkrafttest, ein Mehrwiederholungskrafttest und ein Test des subjektiven Belastungsempfindens in Frage.

1.2.1 Begründung der Auswahl des Krafttests

Bei einem Maximalkrafttest wird ermittelt mit welchem Gewicht die Person gerade so eine Wiederholung ausführen kann (Schlumberger & Schmidtbleicher, 2000, S.230), das sogenannte Einwiederholungsmaximum (1-RM). Die Person verfügt grundsätzlich über ausreichend Erfahrung im Krafttraining und ist vollbelastbar und könnte somit einen Maximalkrafttest absolvieren. Jedoch hat die Person noch keine Erfahrung mit Training im Maximalkraftbereich. Dieser befindet sich im Bereich von 1-5 Wiederholungen, beziehungsweise 90-100% des 1-RM (Fröhlich, 2011, S.23). Des Weiteren ist das Ableiten von submaximalen Intensitäten, ausgehend von einem 1-RM für das Krafttraining problematisch, weil die Anzahl der Wiederholungen die eine Person bei einer submaximalen Intensität durchführen kann stark von dem Trainingszustand der Person und der jeweiligen Übung abhängt (Moraes et al., 2014, S.32). Da der Makrozyklus mit einem Kraftausdauerzyklus mit 20 Wiederholungen begonnen werden soll und die Anzahl der Wieder-holungen in diesem Intensitätsbereich sehr stark schwanken würden, wird der Maximal-krafttest ausgeschlossen. Alternativ kann das subjektive Belastungsempfinden einer Person getestet werden. Dies ist möglich anhand verschiedener Skalen. Beispiele hierfür sind die Borg Skala oder die OMNI Skala (Garber et al., 2011, S. 1344). Diese Art der Krafttestung ist grundsätzlich für jeden geeignet. Da die Person schon Trainingserfahrung besitzt und als fortgeschritten im Krafttraining eingestuft wurde, wäre es möglich einen solchen Krafttest durchzufüh-ren. Weil sich Trainierende jedoch häufig selbst unterschätzen (Steele, Endres, Fisher, Gentil & Giessing, 2017, S.9) und bei einer Trainingsgestaltung auf Basis des subjektiven Belastungsempfindens möglicherweise unter der vorgesehenen Anstrengung trainieren würden (Eifler, 2017, S. 260), wird diese Form der Krafttestung ausgeschlossen.

Eine weitere Form der Krafttestung ist der Mehrwiederholungskrafttest (X-RM-Test), hierbei wird das maximale Gewicht bestimmt, mit dem eine vorher festgelegte Anzahl an Wiederholungen erreicht werden kann. Dieser Test eignet sich perfekt für die Person. Durch ihre Erfahrung im Krafttraining mit mehreren Wiederholungen stellt eine solche Belastung kein Problem dar. Der ausschlaggebende Vorteil gegenüber dem Maximal-krafttest ist, dass hierbei das Gewicht für die Anzahl an Wiederholungen getestet werden kann welche später im Training ausgeführt werden.

1.2.2 Testablauf und Testergebnisse

Da der Makrozyklus mit einem Kraftausdauertraining mit 20 Wiederholungen begonnen werden soll, soll in dem Test das 20-RM festgestellt werden. Vor dem Test wärmt sich die Person auf. Dies dient dazu die neuromuskuläre Leistungsbereitschaft zu steigern und die Körpertemperatur zu steigern. Gestartet wird hier mit einem allgemeinen Aufwärmen für 10-15 Minuten auf einem Crosstrainer, dadurch werden sowohl die unteren als auch die oberen Extremitäten aufgewärmt (Schlumberger & Schmidtbleicher, 2000, S. 227-228). Auf das allgemeine Aufwärmen folgt ein spezielles Aufwärmen für die jeweilige Übung. Hierfür wird ein Satz mit 10 Wiederholungen mit 50% des Gewichts des erwar-teten X-RM ausgeführt (Gail & Künzel, 2014, S.315). Zwischen allen Sätzen wird eine Pause eingelegt, diese soll nach Gail und Künzel (2014, S.315) zwei Minuten dauern, andere Autoren empfehlen bis zu 3-5 Minuten Pause zwischen den Testsätzen (Schlum-berger & Schmidtbleicher, 2000, S. 229). Für den Test wird deshalb eine Pause von 3 Minuten zwischen den Sätzen festgelegt. Die Wahl des Gewichts für den ersten Testsatz und die Steigerung oder Reduzierung des Gewichts trifft die Person selbst auf Basis ihrer bisherigen Erfahrung im Krafttraining und ihrem subjektiven Belastungsempfinden (Gail

& Künzel, 2014, S.315). Da mit einer steigenden Anzahl an durchgeführten Wiederholungen die Leistung der Person durch Ermüdungsvorgänge beeinflusst wird ist es nicht möglich unendlich viele Testsätze durchzuführen. Aufgrund dessen empfehlen Schlumberger und Schmidtbleicher (2000, S. 228) drei bis fünf Testsätze durchzuführen. Für den Test wird ein Maximum von drei Testsätzen festgelegt. Jede Wiederholung soll mit vier Sekunden dauern, davon entfallen zwei Sekunden auf die konzentrische und zwei Sekunden auf die exzentrische Phase.

Tab. 3: Ergebnisse des Krafttests

Übung	Bewegungstempo in Seku	1. Testsatz (KilogrammxWiederholungen)	2. Testsatz (KilogrammxWiederholungen)	3. Testsatz (KilogrammxWiederholungen)	Testergebnis
Kreuzheben	2/0/2	70x20	80x16	77,5x20	77,5kg
Langhantel-Kniebeuge	2/0/2	60x20	65x15	62,5x18	60kg
Langhantel-Bankdrücken	2/0/2	50x19	47,5x20	-	47,5kg
Langhantel-Rudern vorgebeugt	2/0/2	42,5x20	50x18	45x20	45kg
Lastzug zur Brust (am Kabelz.), Obergriff	2/0/2	35x20	40x20	42,5x20	42,5kg
Kurzhantel-Schulterdrücken sitzend	2/0/2	30x20	36x17	32x18	30kg
Kurzhantel-Seitheben	2/0/2	4x20	6x16	5x17	4kg
Rumpfflexionsmaschine (sitzend)	2/0/2	10x20	12,5x20	15x20	15kg

1.2.3 Schlussfolgerung für die Trainingssteuerung und Trainingsplanung

Ein Mehrwiederholungskrafttest eignet sich nicht für einen interindividuellen Leistungsvergleich anhand von Norm- oder Referenzwerten, da bei dem Test zu viele Faktoren das Endergebnis beeinflussen. Jedoch eignet sich der Test sehr gut, um auf Veränderungen des Leistungszustandes zu schließen (Schlumberger & Schmidtbleicher, 2000, S. 227). Mithilfe des Tests und einem entsprechenden Re-Test kann die Leistungsentwicklung dokumentiert werden. Anhand eines Mehrwiederholungskrafttest können submaximale Intensitäten für das Krafttraining bestimmt werden. Hierbei handelt es sich um bestimmte Prozentsätze des X-RM. Welche diese sein können lässt sich beispielsweise mit dem ILB-Grobraster bestimmen (Strack & Eifler, 2005, S.153)

2 Zielsetzung und Prognose

Im Folgenden werden die Ziele, die mit dem Krafttraining verfolgt werden, definiert. Dies ist die zweite Stufe des 5-Stufen-Modells. Die Zielsetzung erfolgt in Absprache mit der Person und bezieht sich besonders auf Inhalt, Ausmaß und Zeit (Oliver, Marshall und Büsch (2008, S. 55-57).

Tab. 4: Zielsetzung für die Trainingsplanung

Inhalt	Ausmaß	Zeit
Kraftsteigerung	10%	6 Wochen
Muskelaufbau	1,5 kg	6 Monate
Körperfettreduktion	2,5 kg	6 Monate

Das erste Ziel bezieht sich auf die Kraftwerte des Mehrwiederholungstests, mit der ILB-Methode, welche später die Basis des Trainingsplans bildet. Damit ist es möglich die Kraftwerte einer fortgeschrittenen Person in 6 Wochen um im Durchschnitt 13,88% zu steigern (Strck & Eifler, 2005, S.158). Um die Wahrscheinlichkeit der Zielerreichung zu erhöhen, wird das Ziel auf 10% Kraftsteigerung in 6 Wochen festgelegt. Hiermit sollen eine Zielverfehlung und damit einhergehende Motivationsverluste vermieden werden. Für die Person ist eine Kraftsteigerung um 10% sehr attraktiv, da sie in letzter Zeit keine Kraftsteigerungen mehr erreichen konnte. Das zweite Ziel 1,3kg Muskelmasse aufzubauen ist ebenfalls realistisch. Im dritten Trainingsjahr können Trainierende 2-4 kg Muskelmasse aufbauen. Da die Person bisher noch ohne systematische Trainingssteuerung trainiert und somit in der Vergangenheit noch nicht so viel Muskulatur aufgebaut hat wird angenommen, dass sie den Wert am oberen Ende der Spanne erreicht. Auf 6 Monate gerechnet ergibt das einen Zuwachs an Muskelmasse um 2 kg. Um das Ziel der Körperfettreduktion zu erreichen wird die Person sich jedoch nur die ersten 4 der insgesamt 6 Monate in einem Kalorienüberschuss ernähren. Daher wird das Ausmaß für den Muskelaufbau auf 1,3 kg festgelegt. Es ist möglich Muskelmasse aufzubauen ohne gleichzeitig Körperfett aufzubauen (Burke et al., 2001, S.354). In den folgenden 2 Monaten soll mit Hilfe eines Kaloriendefizits das Körperfett reduziert werden. Für die Person ist es möglich das Körperfett um 500g pro Woche zu reduzieren ohne Muskelmasse zu verlieren (Garthe, Raastad, Refsnes, Koivisto & Sundgot-Borgen, 2011, S.103-104). Es ist daher möglich das Körperfett um 4 kg zu reduzieren. Das Ziel, nach den 6 Monaten insgesamt weniger zu wiegen aber mehr Muskelmasse zu besitzen, ist für die Person sehr attraktiv.

3 Trainingsplanung des Makrozyklus

In den folgenden Abschnitten folgt nun die Trainingsplanung des Makro- und der Meso-zyklen auf Basis der Informationen aus der Diagnose, der Ergebnisse des Krafttests und der Ziele. Dies ist die dritte Stufe des 5-Stufen-Modells der Trainingssteuerung. Zunächst wird der Makrozyklus Tabellarisch dargestellt und die verschiedenen Parameter erläutert.

Tab. 5: Makrozyklusplanung

	Mesozyklus 1	Mesozyklus 2	Mesozyklus 3	Mesozyklus 4
Trainingsmethode	ILB-Methode	ILB-Methode	ILB-Methode	ILB-Methode
Trainingsziel	Kraftausdauer	Hypertrophie	Hypertrophie	Maximalkraft
Zyklusdauer	6	8	8	4
Organisations-form	Stationstrai-ning/Ganzkörper-training	Stationstrai-ning/Ganzkörper-training	Stationstrai-ning/Ganzkörper-training	Stationstrai-ning/Ganzkörper-training
Belastungshäufig-keit	3-4x/Woche	3-4x/Woche	3-4x/Woche	3-4/Woche
Übungen/Muskel-gruppe	1-2	1-2	1-2	1-2
Sätze/ Übung	2-3	2-3	2-3	2-3
Belastungsdichte	30 Sekunden	60 Sekunden	60 Sekunden	180 Sekunden
Wiederholungen	20	12	8	5
Belastungsinten-sität	70-90% 20-RM	70-90% 12-RM	70-90% 8-RM	70-90% 5-RM
Belastungsdauer	80 Sekunden	48 Sekunden	32 Sekunden	10 Sekunden
Wiederholungs-geschwindigkeit	2/0/2	2/0/2	2/0/2	2/0/X

3.1 Erläuterung der übergeordneten Trainingsmethode

Die Individuelle Leistungsbild-Methode (ILB-Methode) kann für alle Trainierenden jed-weder Leistungsstufe angewandt werden. Dies wird sichergestellt, indem die Trai-ningsparameter an den Leistungsstand des Trainierenden angepasst werden. Auch wenn sich die Leistung des Trainierenden entwickelt, passen sich die Belastungsparameter mit an (Strack & Eifler, 2005, S160). Diese Anpassung erfolgt immer wieder zu Beginn eines jeden Mesozyklus indem ein neuer Krafttest durchgeführt wird (Strack & Eifler, 2005, S.155). Hierfür wird die Anwendung des ILB-Grobrasters empfohlen. Die Person wird der Leistungsstufe Fortgeschrittener auf Grund ihrer Trainingserfahrung von 2,5 Jahren zugeordnet. Außerdem erfolgt eine langfristige Anpassung an das Leistungsniveau des Trainierenden durch einen Wechsel in eine höhere Leistungsstufe. Diese wird anhand der Erfahrung des Trainierenden in Jahren gemessen (Strack & Eifler, 2005, S153). Die Kar-diovaskuläre und metabolische Belastung bei einer Trainingssteuerung anhand der ILB-

8

Methode ist angemessen für Trainierende im Fitness- und Gesundheitssport und demnach auch für die Person (Strack & Eifler, 2005, S161).

3.2 Erläuterung der Periodisierung

Baker, Wilson und Carlyon (1994, S. 241) stellten fest, dass es eine Periodisierung in Anbetracht eines kurzen Trainingszyklus keine Vorteile gegenüber einer nichtperiodisierten Trainingsmethode bringt. Eine Metaanalyse von Williams, Tolusso, Fedwa und Esco aus dem Jahr 2017 (S. 2097) belegt jedoch eine Überlegenheit von periodisiertem gegenüber nichtperiodisiertem Training. Beide Studien maßen die Steigerung der Maximalkraft, um die Effektivität der beiden Methoden zu vergleichen. Zwar ist eine Steigerung der Maximalkraft nicht das Hauptmotiv, jedoch ist Muskelwachstum in trainierenden der wichtigste Mechanismus, um die Maximalkraft zu steigern (Baker, Wilson & Carlyon, 1994, S.241). Daher können diese Studien vergleichsweise herangezogen werden, um die Effektivität des Muskelwachstums zu vergleichen. Harries, Lubans und Callister (2015, S. 1124) stellten fest, dass weder eine wellenförmige noch eine lineare Periodisierung signifikant besser ist als die andere. Sie wiesen allerdings nach, dass Variationen in einem Trainingsprogramm wichtig sind, um fortlaufende Kraftsteigerungen zu erzielen. Außerdem ist eine Periodisierung und Belastungsvariation wichtig, um Stagnationen zu verhindern (Harries, Lubans & Callister, 2015, S. 1124). Für den Makrozyklus wurde auf Grundlage dieser Erkenntnisse eine lineare Blockperiodisierung gewählt, wobei innerhalb eines jeden Blocks ebenfalls eine lineare Steigerung der Intensität vorgesehen ist. Da das Hauptmotiv der Person eine Steigerung seiner Muskelmasse ist, werden zwei der vier Mesozyklen dem Hypertrophietraining gewidmet. Um dieses noch mehr in den Fokus zu stellen ist die Dauer dieser Zyklen jeweils 8 Wochen. Das Kraftausdauertraining wird 6 Wochen durchgeführt und das Maximalkrafttraining 4 Wochen, weil nicht zu lange in Zyklen mit hoher Intensität und geringem Volumen verweilt werden soll (Baker, Wilson & Carlyon, 1994, S.241). Die Reihenfolge der Mesozyklen ist so gewählt, um die Anpassungseffekte optimal auszunutzen. Zum Einstieg wird mit vielen Wiederholungen und einer geringen Intensität trainiert, hierdurch wird das neuromuskuläre System auf bevorstehende höhere Belastungen vorbereitet, die korrekte Ausführung der Übungen verinnerlicht und das Herz-Kreislaufsystem aktiviert. In den darauffolgenden Hypertrophiezyklen ist das Ziel maximales Muskelwachstum, um damit eine Basis für das Training mit hohen Intensitäten zu legen. Außerdem wird das knöcherne und gelenkige System durch die Steigerung der Muskelmasse entlastet. Auf den zweiten Hypertrophiezyklus folgt das Maximalkrafttraining. Hierdurch wird die neuronale Ansteuerung der Muskeln verbessert, um das vergrößerte Muskelpotential nutzen zu können (Fröhlich, 2014, S.10).

3.3 Erläuterung der Belastungsparameter

Die Belastungshäufigkeit wird angesetzt auf drei bis vier Trainingseinheiten pro Woche. Der Person wird empfohlen jeden zweiten Tag zu trainieren. Die Gründe hierfür sind eine gesteigerte Proteinbiosynthese für die folgenden 36 Stunden nach einer Trainingseinheit (MacDougall et al., 1995, S. 485) und die Tatsache, dass sich der Körper nach einer Trainingseinheit erholen muss. Die Dauer hierfür beträgt 24-48 Stunden (Soares et al., 2015, S. 2598). Die überlegene Effektivität von einer Belastungshäufigkeit von 3-4 Trainingseinheiten pro Woche gegenüber einer, fünf oder sechs Trainingseinheiten pro Woche lässt sich auch durch die Metaanalyse von Fröhlich und Schmidtbleicher (2008, S. 7) belegen. Die Anzahl von drei bis vier Trainingseinheiten pro Woche deckt sich mit der Empfehlung aus dem ILB-Grobraster, auf dem die Person als Fortgeschrittener eingestuft wird (Strack & Eifler, 2005, S153). Die Häufigkeit unterschreitet sogar die maximale Anzahl des zeitlichen Verfügungsrahmens der Person, was ihr mehr Zeit für andere Dinge z.B. Regeneration oder Ernährung gibt. Durch die guten Gesundheits- und Leistungsvoraussetzungen der Person ist ein Training jeden zweiten Tag kein Problem.

Da ein Mehrsatztraining effektiver ist als ein Einsatztraining, sollen pro Übung zwei bis drei Sätze absolviert werden (Fröhlich, 2006, S. 286). Dies stimmt mit der Empfehlung aus dem ILB-Grobraster bei der Leistungsstufe Fortgeschrittener überein (Strack & Eifler, 2005, S153). Um den zeitlichen Verfügungsrahmen nicht zu übersteigen genügen 1-2 Übungen pro Muskelgruppe. Dies deckt sich ebenfalls mit den Empfehlungen des ILB-Grobrasters. Wenn nun die arithmetischen Mittel aus Belastungshäufigkeit (3,5), Sätzen pro Übung (2,5) und Übungen pro Muskelgruppe (1,5) errechnet werden, ergibt das 13,125 Sätze pro Muskelgruppe. In einer Metaanalyse fanden Schoenfeld, Ogborn und Krieger (2016, S. 7-8) heraus, dass 10 oder mehr Sätze pro Muskelgruppe pro Woche mehr Muskelwachstum und Kraftsteigerung bringen als weniger als 10 Sätze. Wie lange mehr Sätze mehr Muskelwachstum und mehr Kraftsteigerung bringen ist nicht bekannt. Die Person könnte ausgehend von ihrem Leistungs- und Gesundheitsstand mehr Volumen vertragen (Strack & Eifler, 2005, S153), jedoch ist hier das Limit auf Grund des zeitlichen Verfügungsrahmens erreicht.

Um die Verbesserung der Kraftausdauer zu steigern soll zwischen den Sätzen in dem Kraftausdauerblock nur für 30 Sekunden pausiert werden. Aufgrund des Trainings mit moderaten Intensitäten in den beiden Hypertrophiezyklen wird hier eine Pause von 60 Sekunden veranschlagt da dies höhere akute Anstiege des Wachstumshormons zur Folge hat als längere Satzpausen. Das Wachstumshormon trägt zur Hypertrophie bei. In dem Maximalkraftzyklus wird eine Pause von 180 Sekunden veranschlagt, dies ist aus physiologischer und psychologischer Sicht sicherer als kürzere Pausen und hilft, die Person nicht zu überfordern (de Salles et al., 2009, S. 775-776).

Eine Metaanalyse von Davies, Orr, Halaki und Kackett (2015, S. 500) zeigt, dass ein Training, bei dem das Muskelversagen nicht erreicht wird, ähnliche Kraftzuwächse bringt wie ein Training, bei dem bis zum Muskelversagen trainiert wird. Durch ein Training bei welchem vor dem Muskelversagen gestoppt wird, können Verletzungen und ein Übertraining verhindert werden (Davies, Orr, Halaki und Kackett, 2015, S. 500). Aus diesem Grund wird die Empfehlung aus dem ILB-Grobraster entnommen und die Person wird mit 70-90% des entsprechenden Mehrwiederholungsmaximums trainieren. Damit ist sichergestellt, dass die Belastung die Person nicht überfordert.

3.4 Erläuterung der Organisationsform

Da eine Verbesserung der kardiovaskulären Leistung nicht von der Person gewünscht ist, sondern stattdessen das Muskelwachstum und die Kraftsteigerung im Fokus stehen wird die Organisationform des Stationstrainings gewählt (Fröhlich 2014, S. 10-11). Des Weiteren wurde ein Ganzkörpertraining einem Splitttraining vorgezogen, weil dies laut einer Studie von Crewther, Heke und Keogh (2016, S. 114-115) bei ähnlichen Kraftsteigerungen bessere Auswirkungen auf die Körperzusammensetzung hatte. Crewther et al. (2016, S. 115) vermuten, dass dies damit zusammenhängt, dass bei einem Ganzkörpertraining mehrere Muskelgruppen in einer Trainingseinheit trainiert werden. Diese Entscheidungen sind konform mit dem zeitlichen Verfügungsrahmen der Person und dem ILB-Grobraster (Strack & Eifler, 2005, S153) und angepasst an die Gesundheits- und Leistungsvoraussetzungen der Person.

4 Trainingsplanung des Mesozyklus

Im Folgenden wird nun der dritte Mesozyklus näher beleuchtet.

Tab. 6: Belastungsparameter für Mesozyklus 1

Zyklusdauer	8 Wochen
Trainingsziel	Kraftausdauer

Belastungshäufigkeit	3-4-mal pro Woche (jeden zweiten Tag)
Organisationsform	Stationstraining/Ganzkörpertraining
Übungen/ Muskelgruppe	1-2
Sätze/ Übung	2-3
Belastungsdichte	30 Sekunden
Wiederholungen	8
Belastungsintensität	70-90% 20-RM (Woche 1-2: 70%, Woche 3-4: 75%, Woche 5-6: 80%, Woche 7-8: 90%)
Belastungsdauer	80 Sekunden
Wiederholungsgeschwindigkeit	2/0/2

Tab. 7: Übungsauswahl für Mesozyklus 1

Übung	20-RM (Angaben in kg)	Wiederholungen	Gewicht in der Woche (Angaben in kg)							
			1	2	3	4	5	6	7	8
Kreuzheben	77,5	20	55	55	57,5	57,5	62,5	62,5	70	70
Langhantel-Kniebeuge	60	20	42,5	42,5	45	45	47,5	47,5	55	55
Langhantel-Bankdrücken	47,5	20	32,5	32,5	35	35	37,5	37,5	42,5	42,5
Langhantel-Rudern vorgebeugt	45	20	30	30	32,5	32,5	35	35	40	40
Latzug zur Brust (am Kabelzug), Obergriff	42,5	20	30	30	32,5	32,5	35	35	37,25	37,25
Kurzhantel-Schulterdrücken sitzend	30	20	20	20	22	22	24	24	26	26
Kurzhantel-Seitheben	4	20	3	3	3	3	3	3	3	3
Rumpfflexionsmaschine (sitzend)	15	20	10	10	10	10	12,5	12,5	12,5	12,5

Es musste meist auf oder abgerundet werden um die konfigurierbaren/verfügbaren Gewichte im Fitnessstudio zu nutzen. Hierbei wurde immer zu dem konfigurierbaren/verfügbaren Gewicht auf oder ab gerundet welches näher an dem rechnerischen Gewicht liegt, es sei denn die 90% des 20-RM würden dadurch überschritten werden. Im Zweifelsfall wurde abgerundet.

4.1 Erläuterung des übergeordneten Konzepts der Übungsauswahl

Grundsätzlich wurde bei der Übungsauswahl darauf geachtet überwiegend Mehrgelenksübungen auszuführen. Der Grund dafür ist, dass dabei mehrere Muskeln arbeiten. Dies erhöht die Zeiteffizienz des Trainings. Die Muskelschädigungen und die Muskelbelastung des sekundär trainierten Muskels ist hierbei ähnlich groß wie bei einer Isolationsübung für diesen, was zu ähnlicher Hypertrophie und Kraftsteigerung des Muskels führt (Gentil, Soares & Bottaro, 2015, S. 1-4).

Des Weiteren wurde ein Schwerpunkt auf Übungen mit freien Gewichten gelegt. Ein großer Nachteil von freien Gewichten ist, dass diese bei einer geringen Ausführungsqualität zu Verletzungen führen können (Haff, 2000, S. 18-19). Da die Person in diesen Übungen jedoch sicher ist und durch das Kraftausdauertraining mit vielen Wiederholungen zusätzlich die Bewegungsabläufe verinnerlicht, ist dieses Argument hinfällig. Ein Vorteil von freien Übungen gegenüber dem Training an geführten Maschinen ist, dass oftmals größere Anteile der Muskulatur des Trainierenden genutzt werden, zum einen direkt und zum anderen um den Körper und das Gewicht zu stabilisieren. Außerdem ist die Übertragbarkeit von Übungen mit freien Gewichten in den Alltag sehr hoch (Haff, 2000, S. 18-19).

In dem Mesozyklus wurde kein Schwerpunkt auf bestimmte Muskelgruppen gelegt, da das Ziel der Körperformung besteht und die Person nur ein ausgeglichenes Verhältnis der einzelnen Muskelgruppen zueinander ästhetisch findet.

Die Reihenfolge der Übungen ist so gewählt, dass große Muskelgruppen zuerst trainiert werden, da dadurch das größte gesamte Volumen in einer Trainingseinheit erreicht werden kann (Sforzo & Touey, 1996, S. 24). Außerdem wurde die Reihenfolge dahingehend angepasst, dass die Muskeln sich nach einer Belastung wieder etwas erholen können bevor sie mit einer weiteren Übung trainiert werden.

4.2 Erläuterung der einzelnen Übungen

Auf Grund des guten Leistungs- und Gesundheitszustands der Person wurden keine Übungen ausgeschlossen. Der Fokus bei der Auswahl der Übungen lag deshalb in der maximalen Effektivität der Übungen.

Beim Kreuzheben und Langhantel Kniebeugen werden unter anderem der M. quadriceps femoris, M. gluteus maximus, M. biceps femoris, caput longum und die Mm. Erector spinae trainiert. Die beiden Übungen sind zwei der effektivsten Übungen, um den gesamten Unterkörper zu trainieren (Ebben et al., 2009, S 4-7). Die Übertragbarkeit in den Alltag ist bei diesen Übungen sehr hoch, was sich z.B. beim Aufheben von schweren Objekten bemerkbar macht. Außerdem wird der Rumpf gestärkt, was der Person guttut, da sie in ihrer Arbeitstätigkeit viel sitzt.

Durch das Langhantelrudern und den Latzug zur Brust am Kabelzug wird vor allem der obere Teil des Rückens gestärkt, was maßgeblich zu dem V-Förmigen Erscheinungsbild, welches die Person sich wünscht, beiträgt. Trainiert werden dabei unter anderem der M. latissimus dorsi, M. teres major, M. trapezius pars transversa, M. trapezius pars ascendens, M. deltoideus pars spinata, M. biceps brachii und ebenfalls die Mm. Erector spinae. Für den gewünschten Effekt sind die beiden die effektivsten Übungen (Handa, H. Kato, Hasegawa, Okada & K. Kato, 2005, S. 159).

Um den M. pectoralis major, den M. deltoideus pars calvicularis und den M. trizeps brachii zu trainieren, wurde das Langhantel-Bankdrücken ausgewählt. Die trainiert den gesamten Brustmuskel, der mittlere und untere Teil des Brustmuskels wird hierbei stärker aktiviert als der obere Teil, der obere Anteil würde mehr von Langhantel-Schrägbankdrücken profitieren (Trebs, Brandenburg & Pitney, 2010, S.1928). Dieses kann in folgenden Meso- oder Makrozyklen anstelle des Langhantel-Bankdrückens ausgeführt werden. Im Vergleich zu anderen Übungen für die Brust auf einer Flachbank ist das Langhantelbankdrücken das Effizienteste (Schick et al., 2010, S. 783; Welsch, Bird & Mayhew, 2005, S. 451).

Da der M. deltoideus pars spinata schon durch die beiden Zugübungen trainiert wird, bleiben noch der M. deltoideus pars acromialis und der M. deltoideus pars calvicularis, damit die Schulter vollständig abgedeckt ist. Dafür eignen sich das Kurzhantel-Seitheben und das Kurzhantel-Schulterdrücken sehr gut (Sweeney, 2014, S. 16-18). Eine ausgeprägte Schultermuskulatur trägt ebenfalls zu dem von der Person gewünschten V-förmigen Erscheinungsbild bei. Neben den Schultermuskeln wird unter anderem noch der M. trapezius pars descendens und der M. trizeps brachii mit diesen beiden Übungen trainiert.

Das Training an der Rumpfflexionsmaschine (sitzend) zielt unter anderem auf den M. rectus abdominis, den M. obliquus externus abdominis, den M. obliquus internus abdominis und den M. transversus abdominis ab. Diese stützen den Rumpf und sind daher für die Person mit ihrem Arbeitsplatz am Schreibtisch besonders relevant. Die Rumpfflexionsmaschine (sitzend) kann anhand der Kriterien von Monfort-Pañego, Vera-García, Sámchez-Zuriaga und Sarti-Martínez (2009, S. 242) an eine Bauchmuskelübung als sehr effizient identifiziert werden.

5   Effekte des Krafttrainings bei Rückenschmerzen

Tab. 8: Studie 1: Effects of three different training modalities on the cross sectional area of the lumbar multifidus muscle in patients with chronic low back pain

Wer hat die Studie durchgeführt?	L. A. Danneels, G. G. Vanderstraeten, D. C. Cambier, E. E. Witvrouw, J. Bourgois, W. Dankaerts, H. J. Cuyper
In welchem Jahr wurde die Studie publiziert?	2001
Welche Forschungsfrage wurde untersucht?	Die Effekte von verschiedenen Trainingsplänen auf den Muskelquerschnitt des Mm. erector spinae in Patienten mit chronischen Schmerzen in der Lendengegend (CLBP) zu bestimmen
Mit welchen Versuchspersonen wurde die Studie durchgeführt?	Die Studie wurde anhand von 59 Patienten des Jan Palfijn Krankenhauses in Antwerp durchgeführt. Alle Versuchspersonen hatten seit mindestens drei Monaten Schmerzen in der Lendengegend. Ausgeschlossen wurden Personen, die in den vorangegangenen drei Monaten bereits die Muskeln in der Lendengegend trainiert haben. Außerdem wurden Personen ausgeschlossen die Operationen in der Lendengegend, Anomalien an der Wirbelsäule, neuromuskuläre, Organ- oder Gelenkerkrankungen, Anzeichen auf eine Nervenwurzel- oder Rückenmarkkompression hatten und Schwangere.
Wie sah der Versuchsaufbau der Studien aus?	Es wurde ein randomiertes klinisches Test-Retest-Design gewählt. Von allen Versuchspersonen wurden standardisierte transaxiale computer-tomografische Aufnahmen auf drei Ebenen von einem unabhängigen Radiologen gemacht, welcher nichts über den Inhalt der Studie wusste. Während dem Rekrutierungsprozesses wurde jede Versuchsperson einem von drei Rehabilitationsprogrammen zugeordnet. Gruppe 1 bestand aus 19 Versuchspersonen, diese machte ausschließlich Stabilisationstraining. Gruppe 2 bestand aus 20 Versuchspersonen, diese führte Stabilisationstraining und dynamisches Krafttraining durch. Gruppe 3 bestand ebenfalls aus 20 Versuchspersonen und führte Stabilisationstraining und dynamisch-statisches Krafttraining durch. Der Interventionszeitraum betrug 10 Wochen. Nach der Intervention wurden neue computer-tomografische Aufnahmen von dem gleichen Radiologen gemacht.
Welche relevanten Ergebnisse und Schlussfolgerungen lieferte die Studie?	Nach der Intervention zeigte die Analyse der Unterschiede zwischen den Gruppen signifikante Unterschiede zwischen Gruppe 3 und den anderen beiden Gruppen. Zwischen Gruppe 1 und Gruppe 2 wurden keine signifikanten Unterschiede festgestellt. Stabilisationstraining und Stabilisationstraining kombiniert mit progressivem dynamischem Krafttraining hat keine signifikante Auswirkung auf die Größe des Mm. erector spinae, wohingegen Stabilisationstraining kombiniert mit progressivem dynamisch-statischem Krafttraining Auswirkung auf die Größe des besagten Muskels hat. Daraus folgt, dass allgemeine Stabilisationsübungen und ein dynamisches intensives Krafttraining der Lendengegend keine Auswirkung auf den Muskelquerschnitt des Mm. erector spinae bei Personen mit CLBP hat. Im Gegensatz dazu führt ein Training mit Stabilisationsübungen und dynamisch-statischem Krafttraining in der Lendengegend zu Hypertrophie des Mm. erector spinae. Demnach scheint ein Training mit Stabilisationsübungen und dynamisch-statischem Krafttraining für die paravertebralen Muskeln eine angemessene Methode zu sein um dem Gewebsschwund des Mm. erector spinae in Menschen mit CLBP entgegenzuwirken.

(Danneels et al., 2001, S. 186-190)

Tab. 9: Studie 2: Resistance Exercise, Disability, and Pain Catastrophizing in Obese Adults with Back Pain

Wer hat die Studie durchgeführt?	H. K. Vincent, S. Z. George, A. N. Seay, K. R. Vincent, R. W. Hurley
In welchem Jahr wurde die Studie publiziert?	2014
Welche Forschungsfrage wurde untersucht?	Es sollten die Effekte von zwei verschiedenen Krafttrainingsplänen auf die selbstberichtete Beeinträchtigung, die Fear Avoidance Beliefs (FAB), das Pain Catastrophizing (PC) und auf die Rückenschmerzsymptome in übergewichtigen älteren Erwachsenen mit Schmerzen in der Lendenregion verglichen werden.
Mit welchen Versuchspersonen wurde die Studie durchgeführt?	Als Versuchspersonen wurden 49 übergewichtige Erwachsene im Alter von 60 bis 85 Jahren rekrutiert. Voraussetzung war, dass diese für mindestens 6 Monate CLBP hatten. Ausgeschlossen wurden Personen, die auf einen Rollstuhl angewiesen waren, die in den vorangegangenen 6 Monaten regelmäßig Krafttraining betrieben haben und Personen mit Schmerzen in der Lendengegend, die auf akute Verletzungen oder Krankheiten der Lendenwirbelsäule zurückzuführen waren.
Wie sah der Versuchsaufbau der Studien aus?	Die Versuchspersonen wurden randomisiert drei Gruppen aufgeteilt. Eine Gruppe führte ein Ganzkörper-Krafttraining (GKT) durch, eine andere Krafttraining für den Mm. erector spinae (KMmes) und eine war die Kontrollgruppe (CON). Anhand verschiedenster Fragebogen wurden die FAB und das PC gemessen. Außerdem wurde die Stärke der Schmerzen in der Lendenregion bei drei funktionellen Aufgaben (gehen, Treppensteigen und Aufstehen von einem Stuhl) anhand einer 11 Punkte Schmerz Skala gemessen.
Welche relevanten Ergebnisse und Schlussfolgerungen lieferten die Studien?	Die GKT-Gruppe erzielte größere Verringerungen der selbstberichteten Beeinträchtigung als die anderen beiden Gruppen. Im Vergleich zur Kontrollgruppe haben beide Interventionsgruppen die Stärke ihrer Schmerzen beim Gehen und Aufstehen von einem Stuhl verringern können. PC verringerte sich mehr in der GKT-Gruppe als in der KMmes-Gruppe. Die Ergebnisse lassen darauf schließen, dass ein Ganzkörper-Krafttraining besser ist, um CLBP zu reduzieren als ein spezifisches Training des Mm. erector spinae.

(Vincent, George, Seay, Vincent & Hurlley, 2014, S. 1693-1700)

6 Literaturverzeichnis

American Heart Association. (2015). *All about heart rate (pulse)*. Zugriff am 21.10.2019. Verfügbar unter https://www.heart.org/en/health-topics/high-blood-pressure/the-facts-about-high-blood-pressure/all-about-heart-rate-pulse

Baker, D., Wilson, G. & Carlyon, R. (1994). Periodization: The effect on strength of manipulating volume and intensity. *Journal of Strength and Conditioning Research*, 8 (4), 235-242.

Burke, D. G., Chilibeck, P. D., Davison, K. S., Candow, D. G., Farthing, J. & Smith-Palmer, T. (2001). The effect of whey protein supplementation with and wirhout creatine monohydrate combined with resistance training on lean tissue mass and muscle strength. *International Journal of Sport Nutrition and Exercise Metabolism*, 11, 349-364.

Crewther, B. T., Heke, T. O. L. & Koegh, J. W. L. (2016). The effects of two equal-volume training protocols upon strength, body composition and salivary hormones in male rugby union players. *Biology of Sport*, 33 (2), 111-116.

Danneels, L. A., Vanderstraeten, G. G., Cambier, D. C., Witvrouw, E. E., Bourgois, J. Dankaerts, W. et al. (2001). Effects of three different training modalities on the cross sectional area of the lumbar multifidus muscle in patients with chronic low back pain. *British Journal of Sports Medicine*, 35, 186-191.

Davies, T., Orr, R., Halaki, M. & Hackett, D. (2016). Effect of training leading to repetition failure on muscular strength: A systematic review and meta-analysis. *Sports Medicine*, 46 (4), 487-502.

de Salles, B. F., Simão, R., Miranda, F., da Silva Novaes, J., Lemos, A. & Willardson, J. M. (2009). Rest interval between sets in strength training. *Sports Medicine*, 39 (9), 765-777.

Ebben, W. P., Feldmann, C. R., Dayne, A., Mitsche, D., Alexander, P. & Knetzger, K. J. (2008). Muscle activation during lower body resistance training. *International Journal of Sports Medicine*, 30 (1), 1-8.

Eifler, C. (2017). *Intensitätssteuerung im fitnessorientierten Krafttraining. Eine empirische Studie*. Marburg: Tectum Verlag.

Fröhlich, M. (2006). Zur Effizienz des Einsatz- vs. Mehrsatz-Trainings. Eine metaanalytische Betrachtung. *Sportwissenschaften*, 36 (3), 269-290.

Fröhlich, M. (2011). Methodik des Krafttrainings – Stand der Dinge. Die Säule, 4, 22-24.

Fröhlich, M. (2014). Krafttraining. In H.-D. Kempf (Hrsg.), *Funktionelles Training mit Hand- und Kleingeräten* (S. 3-12). Berlin Heidelberg: Springer- Verlag.

Fröhlich, M. & Schmidtbleicher, D. (2008). Trainingshäufigkeit im Krafttraining – ein metaanalytischer Zugang. *Deutsche Zeitschrift für Sportmedizin*, 59 (2), 4-12.

Gail, S. & Künzel, S. (2014). Reliability of a 5-repetition maximum strength test in recreational athletes. *Deutsche Zeitschrift für Sportmedizin*, 65 (11), 314-317.

Gallagher, D., Heymsfield, S. B., Heo, M., Jebb, S. A., Murgatroyd, P. R. & Sakamoto, Y. (2000). Healthy percentage body fat ranges: an approach for developing guidelines based on body mass index. *The American Journal of Clinical Nutrition*, 72 (3), 694-701.

Garber, C. E., Blissmer, B., Deschenes, M. R., Franklin, B. A., Lamonte, M. J., Lee, I. M. et al. (2011). American College of Sports Medicine position stand. Quantity and quality of exercise for developing and maintaining cardiorespiratory, musculoskeletal, and neuromotor fitness in apparently healthy adults: guidance for prescribing exercise. *Medicine & Science in Sports & Exercise*, 43 (7), 1334-1359.

Garthe, I. G., Raastad, T., Refsnes, P. E., Koivisto, A., Sundgot-Borgen, J. (2011). Effect of two different weight-loss rates on body composition and strength and power-related performance in elite athletes. *International Journal of Sport Nutrition & Exercise Metabolism*, 21, 97-104.

Gentil, P., Soares, S. & Bottaro, M. (2015). Single vs. multi-joint resistance exercises: effects on muscle strength and hypertrophy. *Asian Journal of Sports Medicine*, 6 (2), 1-4.

Haff, G. G. (2000). Roundtable discussion: Machines versus free weights. *Strength and Conditioning Journal*, 22 (6), 18-30.

Handa, T., Kato, H., Hasegawa, S., Okada, J. & Kato, K. (2005). Comparative electromyographical investigation of the biceps brachii, latissimus dorsi, and trapezius muscles during five pull exercises. *Japanese Journal of Physical Fitness and Sports Medicine*, 54 (2), 159-168.

Harries, S. K., Lubans, D. R. & Callister, R. (2015). Systematic review and meta-analysis of linear and undulating periodized resistance training programs on muscular strength. *Journal of Strength and Conditioning Research*, 29 (4), 1113-1125.

MacDougall, J. D., Gibala, M. J., Tarnopolsky, M. A., MacDonald, J. R., Interisano, S. A. & Yarasheski, K. E. (1995). The time course for elevated muscle protein synthesis following heavy resistance exercise. *Canadian Journal of Applied Physiology*, 20 (4), 480-486.

Monfort-Pañego, M., Vera-García, F. J., Sámchez-Zuriaga, D. & Sarti-Martínez, M. Á. (2009). Electromyographic studies in abdominal exercises: A literature synthesis. *Journal of Manipulative and Physiological Therapeutics*, 32 (3), 232-244.

Moraes, E., Alves, H. B., Teixeira, A. L., Dias, M. R., Miranda, H. & Simão, R. (2014). Relationship between repetitions and selected percentage of one repetition maximum in trained and untrained adolescent subjects. *Journal of Exercise Physiology online*, 17 (2), 27-35.

Oliver, N., Marschall, F. & Büsch, D. (2008). *Grundlagen der Trainingswissenschaft und –lehre*. Schorndorf: Hofmann.

Schick, E. E., Coburn, J. W., Brown, L. E., Judelson, D. A., Khamoui, A. V., Tran, T. T. et al. (2010). A comparison of muscle activation between a smith machine and free weight bench press. *Journal of Strength and Conditioning Research*, 24 (3), 779-784.

Schlumberger, A. & Schmidtbleicher, D. (2000). Grundlagen der Kraftdiagnostik in Prävention und Rehabilitation. *Manuelle Medizin*, 38 (4), 223-231.

Schoenfeld, B. J., Ogborn, D. & Krieger, J. W. (2016). Dose-response relationship between weekly resistance training volume and increases in muscle mass: A systematic review and meta-analysis. *Journal of Sports Sciences*, 35 (11), 1-10.

Sforzo, G. A. & Touey, P. R. (1996). Manipulating exercise order affects muscular performance during a resistance exercise training session. *Journal of Strength and Donditioning Research*, 10 (1), 20-24.

Soares, S., Ferreira-Junior, J. B., Pereira, M. C., Cleto, V. A., Castanheira, R. P. & Cadore, E. L. (2015). Dissociated time course of muscle damage recovery between single- and multi-joint exercises in highly resistance-trained men. *Journal of Strength and Conditioning Research*, 29 (9), 2594-2599.

Steele, J., Endres, A., Fisher, J., Gentil, P. & Giessing, J. (2017). Ability to predict repetitions to momentary failure is not perfectly accurate, though improves with resistance training experience. *PeerJ*, 5, e4105. Retrieved 21.10.2019 from https://doi.org/10.7717/peerj.4105

Strack, A. & Eifler, C. (2005). The individual lifting performance method (ILP) – a practical method for fitness- and recreational strength training. In J. Gießing, M. Fröhlich & P. Preuss (Hrsg.), *Current results of strengh training research* (S. 153-163). Göttingen: Cuviller.

Sweeney, S. (2014). *Electromyographic analysis oft he deltoid muscle during various shoulder exercises*. Thesis in Manuskriptform zur teilweisen Erfüllung der Anforderungen für den Abschluss Master of Science, University of Wisconsin-La Crosse, La Crosse.

Trebs, A. A., Brandenburg, J. P. & Pitney, W. A. (2010). An electromyography analysis of 3 muscles surrounding the schoulder joint during the performance of a chest press exercise an several angles. *Journal of Strength and Conditioning Research*, 24 (7), 1925-1930.

Vincent, H. K., George, S. Z., Seay, A. N., Vinvent, K. R. & Hurley, R. W. (2014). Resistance exercise, disability, and pain catastrophizing in obese adults with back pain. *Medicine & Science in Sports & Exercise*, 46 (9), 1693-1701.

Welsch, E. A., Bird, M. & Mayhew, J. L. (2005). Electromyographic activity oft he pectoralis major and anterior deltoid muscles during three upper-body lifts. *Journal of Strength and Conditioning Research*, 19 (2), 449-452.

Williams, B., Mancia, G., Spiering, W., Rosei, E. A., Azizi, M., Burnier, M. et al. (2018). 2018 ESC/ESH Guidelines for the management of arterial hypertension. *European Heart Journal*, 39, 3021-3104.

Williams, T. D., Tolusso, D. V., Fedewa, M. V. & Esco, M. R. (2017). Comparison of periodized and non-periodized resistance training on maximal strength: A meta-analysis. *Sports Medicine*, 47 (10), 2083-2100.

World Health Organization. (o. J.). *Body mass index – BMI*. Zugriff am 21.10.2019. Verfügbar unter http://www.euro.who.int/en/health-topics/disease-prevention/nutrition/a-healthy-lifestyle/body-mass-index-bmi

7   Tabellenverzeichnis